나무의 소리

이명호 시집

도서출판 경남

경남시인선 172

나무의 소리

이명호 시집

펴낸날 | 2015년 8월 13일

지은이 | 이 명 호
펴낸이 | 오 하 룡
펴낸곳 | 도서출판 경남

주 소 | 창원시 마산합포구 몽고정길 2-1
연락처 | (055)245-8818~8819
블로그 | gnbook.tistory.com
이메일 | gnbook@empas.com
등 록 | 제567-1호(1985. 5. 6.)
편집팀 | 오태민 | 심경애 | 구도희

ISBN 978-89-7675-998-6-03810

〔값 10,000원〕

시인의 말

맴돌다 맴돌다 그 자리에 섰다.

유월의 푸른 들판, 싱그러운 풀꽃 향기가 푸른 기쁨을 안겨준다.

아침마다 〈말이산〉 능선 길을 구비돌며 천 오백년 전에 살다 간 조상들의 모습을 상상해 본다. 꼬리를 물고 일어서는 과거의 파노라마가 나를 붙잡는다.

도대체 삶과 죽음은 어디로부터 왔다가 어디로 가는 것일까?

나의 삶은 어디쯤 와 있을까.

아무것도 이루지 못하고 어느새 이순耳順을 훌쩍 넘어 버렸다.

마르틴 하이데거가 "언어는 존재의 집"이라고 한다면 시(문학)는 존재의 방房이라고 말하고 싶다. 따뜻하고 편안한 방.

나의 시가 누군가에게 포근하고 따뜻한 방처럼 위안이 되었으면 하는 바램이다.

서산에 해는 기우는데 발걸음은 더디다.

네 번째 졸시를 묶는다.

2015. 팔월

저자 이 명 호

차례

제2부

제3부

제4부

제1부

새 봄

산 너울 실바람에
실려 오는 것일까

개여울 물소리로
흘러오는 것일까

소리 없이 몰려오는
초록빛 반란

온 천지 요동치는
저 푸른 메아리

입 춘

하늘도 얼어붙은
남부능선 지리산 만복대萬福臺

고리봉 능선 따라 칼바람 휘두르며
앙칼지게 앞질러오는데
잔설殘雪은 희끗희끗 산허리를 감돌고
산죽山竹은 철없이 푸르기만 한데
묘봉치 양지바른 언덕
어느새 버들강아지 실눈을 뜨는데
시샘하는 꽃샘추위에 딸꾹질하는 봄

저 멀리 고즈넉한 반야봉 어디쯤
가쁜 숨 몰아쉬며 새봄은 오고 있을까.

알토란

알토란 한 알
유리컵에 넣고 물을 부어 주었더니
새싹을 틔운다

아래로 잔발을 내려뻗고
위로는 대궁을 뽑아 올린다
쭉쭉 뽑아 올린다

햇볕이 들지 않는
어두컴컴한 방안에서도
온몸으로 분투하는 생명의 힘

삶이란 저토록
안간힘을 모두 쏟아 내어야 하는 것일까

눈부신 희망이 쑥쑥 자라고 있다.

봄 산

누가 물감을 저렇게 칠해놓았을까

연초록 잎새 점점 짙어가고
화사하게 꽃을 피우는 나무들이
여백을 채우면
무럭무럭 자라나는 산

구름 한 점 떠가고
푸른 메아리치는

폭포수瀑布水

겨우내
얼어붙은 말 문

새봄이 오니

콸
콸
콸

폭소爆笑를 터뜨리며
말 문 터지는 소리

씨앗들이

화단가 버려져 곪아터진 늙은 호박에서
싹이 움텄다
캄캄한 어둠을 뚫고 나온 생명의 신비
푸른 눈망울 가득한 세상
여기저기 나비처럼 펼쳐진 떡잎들이
만세를 부르며 환호하고 있다

자고나면 한 뼘 하늘을 넓혀가고
눈부신 햇살에 키가 커가고
봄바람에 뒤척이며 몸살을 앓다가
비가 오면 둥근 우산을 펼치더니
넝쿨을 뻗어서 한사코 길을 낸다
아무런 망설임도 주저함도 없이
가고 싶은 길을 넝쿨손을 뻗어간다
허공으로 손을 저어 하늘까지 뻗어간다.

검암산* 가는 길

하검 마을을 관통하며 오르는 길
수문장처럼 지켜 선 소나무 두어 그루
사운대는 댓잎바람
대숲에 지줄대는 딱따구리 노랫소리
어느새 봄이 피었구나
깊은 잠에 빠진 무덤가에도
올망졸망 양지꽃이 노랗게 피었구나

언덕배기 좁다란 길섶에서도
귓속말로 소곤거리는 초록빛 반란
새봄이 점령하며 대열을 갖춘다
산길 벚나무 우로 봐
터질 듯 부푼 꽃망울
미동도 없는 부동자세로 사열을 받는다

분주한 일상 가로지르는 남해안 고속도로
재빠르게 질주하는 봄이
어느새 산 너머 외딴집 과수원으로
눈부신 꽃잎을 활짝 열어놓고
벌, 나비를 불러 모아 봄잔치를 벌이고 있구나

내 마음 둘 곳 없어 나는 외로워라
한량없는 이 봄날에

*검암산 : 경남 함안군 가야읍 검암리에 소재한 해발 231m의 트레킹 코스의 산

봄, 말하다

겨울 긴 침묵이 끝나고
참았던 말이 쏟아진다

거침없이 토하는 물소리
너무 참았던 탓일까
여울물 숨 넘어가는 소리

돋아나는 잎새 마다
도란도란 소곤소곤
푸른 소리들로 가득하다.

산수도

운림산방* 봄은
연초록 잎새마다 세필細筆바람이 묵화를 친다

첨살산 봉우리 손 맞잡고 병풍을 두르고
널따란 산방 노송 몇 그루
풍진세월 저만치 등 굽어 섰다

뜨락 목련은 꽃잎이 떨어져
발길에 밟히는데

연당 수련 잎
이제 막 꼬막손 쫙 펴서 기지개 켠다.

* 전라남도 진도군 의신면 운림산방로 315번지. 진도 운림산방은 조선시대 말기 남종화의 대가 소치 허련(1808~1893) 선생이 말년에 그림을 그렸던 화실. 1982년 소치 선생의 손자 남농 허건 선생이 복원하였음.

대흥사 천불전千佛殿

아직도 서산대사께선
대흥사에 그대로 머물고 계셨다
초의선사께서도
어디선가 차茶를 달이실까
추사秋史 선생은 어디쯤 계실까

천불전千佛殿 천불천상千佛千像
천불승千佛僧 천일기도千日祈禱
아직도 중생衆生들을 깨우치고 있었다
말줄임표
생략의 삶
느낌표를 찍으시고
삼라만상 돋아나는 봄

동백꽃 하나 둘 눈 뜨고 있었다

그 봄날

복사꽃 향기
바람에 펄펄 흩날리던 봄날
내 마음 그 가지에 걸어두고 왔네.

봄이 가고 여름이 가고
찬 서리 내리는 가을이 다 지나도록
끝내 소식이 없네. 내 마음 아직도
빈가지에 떨고 있네

복사꽃 같은 그 여인
꽃잎에 입 맞추고 싶네. 향긋한
그 여운 감도는

진해 벚꽃

진해 벚꽃 구경하러 왔다가
육군대학에 주차하러 갔다
일렬로 도열한 벚꽃나무들이
환하게 웃으며 경례를 붙인다

저기 저 선글라스에 지휘봉을 든
박정희 장군의 매서운 눈빛
화사하게 웃고 떠들다가
저벅저벅 군화 발소리에
일순 시퍼렇게 얼어붙어
숨죽이는 벚꽃 나무들

선글라스 지휘봉 박정희 장군이
한차례 순시를 돌고
지프를 타고 황급히 떠나자
다시 환하게 웃고 들뜬 벚꽃나무
장복산에서 내려온 봄이
어느새 환하게 거수경례를 붙인다.

소록도의 봄

뱃길 따라 소문을 따라
해안선을 따라서 돌면
햇살은 어망에 파닥이는 물고기처럼
눈부신 비늘을 털며 싱그럽구나
무심히 흔들리는 풀꽃 한 포기에도
까닭이 있듯이
눈빛 겁먹은 순한 사슴의 뜨락에
얼마나 뼈아픈 사연이 많았으랴
"지겨워서 못 살겠다"
감금실監禁室 벽에 비뚤비뚤하게 써놓은
누군가 탄식어린 하소연
잔혹한 세월은 눈멀고 귀먹어
오늘은 봄꽃이 활짝 피어 평화로운데
유치원 햇병아리들 보리피리 시비詩碑 뜻 모르고
읊조리는 새싹들이 평화롭구나
어디선가 대빗자루를 들고 나타난 초로의 나환자
증언하듯 생생하게 현장검증이라도 하듯
그때 그 실화를 환장하게 들려주었지
우리는 잘생긴 후박나무 아래서 어깨를 나란히 하고
봄꽃처럼 웃으며 기념촬영을 하였지.

젊은 느티나무

우리 집 옥상에서 서쪽으로 바라보면
한 그루 느티나무가 서있다
가끔 느티나무를 보기위해
옥상을 오르기도 하고
아침산책길에 가까이 가 보기도 한다

새봄이 오면
목청껏 푸른 하늘을 노래하고
날아가는 새들을 불러 모으고
싱싱한 기쁨을 날리며
변함없이 오늘을 자랑한다

나무는 우산처럼 가지가 잘 펼쳐져
보기도 좋고 잘 생긴 나무라서
오가는 사람들 발길을 멈추게 한다
아내는 사람이나 나무나 잘생기면
관심을 끌기는 마찬가지지요

그러나 잘 생긴 나무는 자신을 뽐내고 싶어
*제 치레 하느라 오히려

좋은 열매를 갖지 못한다는 것을*
못생긴 나무는 부단히 자신을 가꾸고
열매를 맺기 위해 온갖 정성을 쏟는다

잘생긴 젊은 느티나무여!
너무 겉치레하지말고
하늘 높이 뻗어서 튼튼한 열매를 맺어라!
주렁주렁 열려서 세상을 맑고 더욱 푸르게 하라!

*신경림 시인의 나무에서 따옴.

둥지 · 1

대문옆 화장실 선반위에
이름 모를 새 한 마리 둥지를 틀고
어느새 알을 품었다

화장실 문을 열자 알을 품은 새가
놀라 어쩔 줄 몰라 한다
저 겁먹은 눈망울에 고인 하늘이
참 맑고 푸르다

구름이 떠가고
바람이 스쳐가고
비를 몰아오던 하늘이
그의 눈망울에 호수처럼 잠긴다.

둥지 · 2

어미 새가 없는 틈을 타 둥지에 손을
넣어 보았다
앙증스러운 여섯 개 알을 낳았다

어미새는 오랫동안 알을 품고
좀처럼 둥지를 비우지 않았다
낮과 밤을 지키고 멈춰선 시간 속에서
경이로운 생명을 잉태했다

새끼들은 눈도 뜨지 못하고
허공으로 입만 쫙쫙 벌렸다
소리만 나면 본능적으로 입만 쫙쫙 벌렸다
어미 새는 부지런히 봄을 물어 날랐다
신록이 자꾸 푸르러 갔다

봄 햇살 졸음 겨운 어느 날이던가
어느새 눈망울이 샛별처럼 빛나는
아기 새 세 마리
나르고 나르기를 거듭하더니
드디어 창공을 박차고 날아간다
세상을 향해 날아간다.

아침산책

까치 한 쌍이
미루나무 가지에 앉았다

한 마리는 윗가지에
다른 한 마리는 아래 가지에
숫놈이 암놈에게
무엇이라고 지껄인다
암놈은 알았다는 듯이
꽁지를 연신 치켜들었다 놓는다

어디서 날아왔는지
불한당 한 마리가 중간에 끼어들었다
당황한 까치 숫놈이
곡예하듯 원을 그리며 달아난다
그 뒤를 암놈이 가슴을 콩닥거리며 날아간다
별꼴이야! 별꼴이 반쪽이야!

물방울

그의 삶은 얼마나 투명한가

주체할 수 없어
터질 듯한

한 점 부끄럼 없는
눈망울

눈망울 가득 총총
무지개 뜬다.

외딴집

나직한 산자락 무릎에 앉아
울울鬱鬱한 대밭 등을 기대고
댓잎에 빗방울이 콩을 볶는다
자고나면 앞산 봉우리가 먼저 눈을 뜬다
하루 종일 햇살이 마루에서 졸다가
심심한 강아지 꼬리를 붙든다
날마다 산새소리가 집을 지키는 집
구름이 한가로이 마당가에 일렁이다
바람이 마실 왔다가 아무데나 앉아 노는 집
봄이 오면 산 벚꽃 미치도록 환장하게 핀다
밤이면 외로움이 별만큼이나 핀다.

제2부

초저녁별

보일 듯 말 듯 깜박이는
초롱초롱 맑은 눈동자

하늘 길목 지키고 서서
빈 뜨락 홀로 서성거리나

멀리인 듯 가까이인 듯
초롱초롱 푸른 눈동자

저녁 일찍
누구를 못내 기다리고 있나

호반에서

산이 호수에 빠져 허우적대고 있다
물구나무 선 나무들이
푸른 하늘을 향해
일제히 소리를 지른다

하늘이 내려와서
물감을 마구 풀어놓고
구름을 띄워 자리를 펴고 있다

바람이 고요를 깨우고
잔물결 은빛 깨금발로 뛰고 있다.

호 수

푸른 하늘을 담은
투명한 거울

미처 담기지 못한
나무 잔가지
강기슭에 일렁인다

이쪽에서 부르면
저쪽 메아리치는 물결

여름날 소나기
쨍그랑,
깨어지는 거울

미지의 여인*

꿈속의 여인
길을 가다 어디선가 본 듯한

베일에 싸여있는
정감(情感) 어린 여인

은은한 미소
부드러운 살결
윤기 도는 머릿결

고혹적인
큰 눈망울

금방이라도
별이
쏟아질 듯한

*미지의 여인 : 캔버스유채. 화가는 끄람스꼬이. 1883년 트레찌야코프 국립미술관 소장(러시아)

늦은 점심

통영의 맛 집을 찾아나서
요리조리 헤매이다
가까스로 찾아 문을 열고 들어서니
북적대는 발길 시끄럽고 웅성대는 소리
무조건 밖에서 기다려야 한단다
작열하는 태양아래 불볕 찜통더위다
나는 막무가내 달아나고 싶은데 딸아이가
맛있는 거 먹으려면 이까짓 고통쯤은 감내해야지
삼십분 쯤 기다리다 더위에 지쳐 들어서니
점심시간이 한참 지났는데 여전히 문전성시다
통영 해물탕과 멍게 비빕밥을 시켜놓고
길다란 벽면을 쳐다보니 통영을 빛낸 예술인들
15인의 흑백사진 어깨가 나란하다
유치진, 유치환, 박경리, 윤이상, 김춘수, 김상옥시인
그 외는 잘 모르는 얼굴들
멍게 비빕밥과 통영 해물탕이 나오고
통영 바다, 동양의 나폴리가 뚝배기에 넘실대고
거제 둔덕 청마의 어린 시절이 엿보인다
흰 수건을 쓴 박경리 선생 젊은 시절이 떠오르고
콧수염 기른 김춘수 선생은 어디쯤 계실까
뱃고동 소리 해안선을 따라 해조음이 길게 울린다.

빈 터

덩그러니 홀로 빈집만 남았다
사람 발길이 끊어진 마당가에는
어느새 잡초가 자리다툼을 하고 있다

강아지풀이 여기저기 돋아나더니
개비름 풀도 까치발로 키 재기를 한다.
저만치 개망초가 목을 빼고 기웃거리자
바랭이 풀도 제 영역을 확보하며 세력을 키운다

이따금 오래 누운 적막을 바람이 깨우고
유월의 햇살이 가지런히 이를 드러낸 채 웃고 있다.

나의 詩는

배우는 관객의 박수소리를 먹고 산다지만
아무도 거들떠보는 이 없는 나의 시詩는
몸 둘 데 없는 가난한 마음을 먹고 산다
희뿌연 새벽을 걷어내는 산봉우리
맑은 종소리의 여음을 먹고 산다
풀잎 맺힌 이슬방울
영롱한 그 순간을 먹고 산다
밤하늘 저 멀리 초롱초롱 빛나는 별처럼
영원한 꿈을 먹고 산다
풀 섶에 숨어 우는 풀벌레 소리와
첫 비상飛上을 지저귀는 새소리와
맑은 하늘을 먹고 산다

가수는 인기를 먹고 산다지만
먹고 사는데 별 볼일 없는 나의 시詩는
먼발치 돌아서는 애잔한 그리움을 먹고 산다
핏빛 노을 물드는 산 그리매
죽고 싶도록 황홀한 아름다움을 먹고 산다
푸른 달빛이 창가에 서성이는 가을밤이면
한량없이 가슴 파고드는 추억을 먹고 산다

덜컹덜컹 창문을 두드리는 겨울 바람소리
세상 길 저무는 황량한 벌판에서
외투 깃 세우고 홀로 쓸쓸하게 걸어가는
아! 비장한 마음을 먹고 산다.

돼지머리가 웃고 있다

돼지머리가 웃고 있다
삶은 돼지머리가
박수무당 신들린 춤판에
환하게 웃고 있다

잘 먹고
잘 자고
잘 싸고
한 평생 머리 싸잡아 매고
온갖 궁리를 해봐야
잘 먹고 잘 싸고 잘 자는 것
모든 것이 그 안에 있다는 듯이
세상 근심 내려놓고
자비로운 부처님처럼 웃고 있다

나발통 같은 귀를 열어놓고
세상이 환하게 웃고 있다.

어머님을 여의고 · 1

골목길 어디에선가
주름진 눈웃음 환하게 웃으며
빠른 걸음으로 다가 오실 것만 같은

말이산 언덕배기 저만치
흰 수건 옷소매 걷어붙이고서
나를 부르실 것만 같은

빈 방안 휑하니
사진만 반기고 있는
홀연히 떠나신 싸늘한 빈자리

이제 꿈속에서나 날 부르실까!

어머님을 여의고 · 2

해는 서산에 기우는데
삼기 마을 대숲으로
새들은 둥지 찾아 모여 드는데
어미새 새끼들 외쳐 부르는데
식구들 하나 둘 모여 드는데
산비둘기, 참새 떼, 굴뚝새도 집을 찾는데

나는 어머니가 부르지 않아
돌아갈 곳을 잃는다
해지고 땅거미 어둠살 박히는데
나는 어머니를 여의고
말이산 묵정밭에 퍼져 앉아
어미 잃은 노루새끼처럼
서러움에 몸을 떨며 운다.

말이산 · 13

하얀 찔레꽃 향기 푸른 오월이 가고
산 뻐꾹새 우는 유월이 돌아와도
어머니의 바다는 넘실대고 있었다
잡초를 뽑아내고 북을 돋운 밭고랑마다
만조(滿潮)의 물결은 밀려오는데
어머니의 숨결은 해안을 맴도는데
돛을 올리고 내가 노를 저어도
걷잡을 수 없이 제 멋대로 달아나는
배는 도무지 길들여지지 않는 구나

고구마 순을 심어놓고 저만치
어머니 하얗게 웃으시던 유월의 바다
흰 수건 맺힌 땀방울 맨발로 묵정밭을
요술처럼 다루시던 그 손길, 오늘은 내가
콩을 심어놓고 돌아서면 산 까치 반갑다고
먼저 날아와 떡잎부터 먹어치우고
고추 모종을 옮겨 심어도 그대로 부동자세
도통 말을 듣지 않는구나
한 눈 팔면 산적 같은 잡초들이 여기저기
어느새 달려들어 사방을 에워싸고

넝쿨조차 건방지다 발목을 친친 묶고
저들끼리 박장대소拍掌大笑 나를 골려준다
참깨들도 홀로서기 목이 타는 땡볕아래
엎드려 숨어있던 고구마 순, 호박 줄기,
발자국 소리에 귀를 세우며
일제히
어머니 어머니를 외쳐 부른다.

*경남 함안군 가야읍 말산리 및 도항리 일대로 여항산(해발770m)에서 뻗어내린 산줄기가 도항리 일대에 야트막한 구릉으로 변하여 좁고 긴 야산을 이루는데 이 산을 말산, 말이산, 머리산(우두머리)이라 부르며 산의 정선부를 따라 아라가야시대 말이산 고분군이 밀집되어 있다.(말이산 고분군 사적515호)

말이산 · 14

아버지 똥 장군 지고 아슬아슬하게 걸었던
말이산 가파른 언덕길을
오늘은 내가 아침마다 산책하며 걷고 있네
아버지 언제나 괭이나 삽을 어깨에 메고
헐거운 흰 고무신 누렇게 걸었던 이 길을
꽉 조인 등산화 뽐내며 운동 삼아 걷고 있네
요리조리 뱀허리 도는 좁다란 삼기마을 오솔길
아버지 시퍼런 조선낫으로 가시덤불,
망초 잡초 베어가며 걸어갔던 길
누군가 제초제 뿌려 씨를 말려도
아무런 부끄러움도 느끼지 못한 채
나는 편안하게 무작정 걸어가고 있네
아버지 숨차게 헉헉대던 고달픈 이 길을
오늘날 생각 없이 휘파람 불며 걷고 있네
아! 아버지 어디쯤 걸었던 그 발자국 위에
소리 없이 내 발자국을 포개보고 싶네.

무덤가에서

부모님 무덤가 흐드러지게
피어나는 개망초 꽃
하얀 꽃 대궁 흔들리는 하늘가
생전의 어머님 정겨운 그 모습
망초 꽃으로 하얗게 피어나
천지가 환하게 웃으신다

비갠 하늘 무지개처럼
선명하게 떠오르는 생의 파노라마
엎드려 쓰라린 회한悔恨을
유월의 따가운 햇살이
창槍으로 찌른다
나를 울려주는 풀벌레 울음소리
이어졌다 끊어지고 끊어졌다
또다시 이어지는
가늘게 떨려오는 영혼의 메아리
삶과 죽음을
이승과 저승을 연주하고 있다.

떡

호호 입김 서린 추운 겨울아침에
지하상가 벽면에 붙어있는
"45년 떡고집 떡장수 주문 떡 환영"
떡은 배고픈 자를 배부르게 해주는
맛있는 우리네 음식이다

불현듯 어머니가 쪄주시던 시루떡이 먹고 싶다
김이 모락모락 올라오는 시루떡을
손으로 아무렇게나 쭉쭉 떼어 입에 넣어주면
제비새끼처럼 짹짹거리며 받아먹기만 하던
철딱서니 없던 어린 시절

콩고물에 밥을 비벼 먹으며 투정을 일삼고
반찬투정 응석투정 하던
어처구니없이 한심한 세월은 가고
어머니가 떠나시고 없는 매섭게 추운 오늘
광고판 떡장수가 느닷없이 나를 꾸짖는다
혹독한 날씨가 나를 몰아세운다
찬바람이 뺨을 후려치며 정신 차려라 한다.

사골국

생명은 해체되고
뼈만 남는다

살점은 모두 바치고
뼈만 남는다

우려내고
또 우려내고
자꾸 우려내어야만
진국이 된단다

뼛속에 무엇이 들어 있을까
숭숭 바람이 뚫고 간 휘파람 소리

바늘구멍마다 머물다 간
삶의 여정

푸른 초원을 힘차게 달리던
저 발굽소리

골목길

농협 하나로 마트 뒤쪽
은혜방 옷가게 골목길 들머리에서
날이면 날마다 오가는 사람들 쳐다보며
하릴없이 시간을 때우는 동촌 할매
집안에는 쥐새끼 한 마리도 얼씬 하지 않아
아무하고도 말동무 할 사람이 없어
집에서는 아무것도 혼자 할 수 있는 게 없어
아흔 다섯 눈멀고 귀먹어
텔레비전도 보나 안보나 똑 같은걸 뭐
아침밥 한 술 뜨고 나면 방석하나 들고 나와
매일매일 출근하는 골목길 들머리
오가며 말동무 해주는 동네 아낙네가 있어
아는 척 눈인사라도 해주는 낯익은 사람이 있어
쥐 죽은 듯 적막하고 쓸쓸한 집보다는 골목이 더 좋아
빵빵거리며 지나가는 자동차도 구경하고
아이들 시끄럽게 떠들어대는 소리가 있어
이게 참말로 사람 사는 것 같아서
늦은 점심 한 술 뜨는 둥 마는 둥
다시 나와 자리 깔고 해거름을 보낸다
오늘도 또 하루 해가 진다.

고무신

비 오는 날은
하얀 고무신을 신고 싶다
발이 편한 하얀 고무신을 신고
흙 묻은 신작로를 무작정 걷고 싶다
흐르는 개울물에 시린 발도 담가보고
하얀 고무신을 냇물에
돛단배도 띄워보고
자갈돌 자지러지게 웃는 시냇가에서
물장난도 쳐보고 싶다
물기에 젖은 고무신을 신고 걸으면
뽀드득 뽀드득
개구리 울음소리가 난다
뽀드득 뽀드득
개구리 알 까는 소리가 난다.

개똥 참외

보도블록 틈새를 비집고
개똥참외가 노란 꽃을 피웠다

줄기차게 항쟁하는 푸른 힘줄이
생명의 불을 내 뿜는다

뜨거운 여름날
한사코 줄기를 뻗고 길을 찾아
분투하는 삶을 본다

사막에서 오아시스를 찾아가는
처절한 몸부림을 본다

똥에서 입으로
입에서 똥으로

순환하는 삶의 통로를 본다.

그 늘

인부 몇이는 농담으로 히죽거리고
또 몇 몇은 패잔병처럼 널부러져 누웠다
낡은 안전화를 벗어 베개로 베고
깍지 손으로 얼굴을 가린 채
낮잠에 취해 있다

고단한 삶을 잠시 내려놓고
평화로운 단잠에 골아 떨어졌다

그늘이 되어주는
잎이 무성한 늙은 벚나무
그들을 쉬게 해 주고 재워놓고
잔가지를 흔들며 모성애처럼 부채질을 해 주고

작열하는 여름 한낮
자신의 몸을 막아 그늘이 되어준다.

바닥에서

바닥은 하늘을 그리워 한다
바닥에서 허덕이던 그가
세상을 떴다

그가 떠나던 날 장맛비가 내렸다
세상은 별로 슬퍼하지 않았다
무관심한 세상은 잠깐
물이 흘러가듯 기별만 한 소절 전해 주었다

슬퍼하는 건 오히려 하늘이었다
천둥, 번개
진종일 비를 뿌리고
하늘은 바닥을 울어주었다

죽어서야 그는 하늘이 되었다.

제3부

나무 · 1

이제 그만 앉고 싶다
아니 떠나고 싶다
기다려도 오지 않는 날들
날마다 서서 하늘높이 외쳐본다
빈센트 반 고흐의 나무들이 물결친다
잎새마다 잔물결 친다
기다려라 기다려다오
푸른 목숨이 다하는 그날 까지
침묵으로 탑을 쌓아
하늘이 다할 때까지 기다려다오
캄캄한 밤을 묵묵히 견디어 새벽이 당도하는
하늘을 보아라
침묵의 여백에 솟아나는 휘광輝光을 보아라
마침내 투명한 햇살이 퍼지고
바람은 물고기처럼 산을 헤엄을 친다
푸른 핏줄에 실려 오는 파도소리가
옹골찬 우듬지를 휘몰아갈 때
미처 예감하지 못한
삶이란 묵묵히 견디는 것이라고
바위를 뚫고 침묵이 산을 움직일 때까지

낭랑히 기다려 다오
기다림은 하염없이 그리움 끝에 오는
목마른 것이라고.

나무 · 2

침묵이 서 있다
큰 침묵 작은 침묵
침묵이 나무를 키우고
큰 산을 이룬다
침묵이 산을 키우고
침묵이 산을 움직인다
침묵은 언제나 모든 걸 참는다
일생을 침묵하다
죽어서야 말을 토하는 나무 한그루
눈부신 햇살
거친 바람소리 산을 깨우는 새소리
부서지는 푸른 달빛
부엉이 울음소리
얼마나 하고 싶은 말을 참았을까.

나무 · 3

새가 되고 싶다

저 푸른 자유의 여백에

솟구쳐 오르며 마음껏 날고 싶다

나무의 생애

오래된 늙은 팽나무를 톱질해 놓고 보니
그의 삶이 고스란히 들어앉아 있었다
온몸을 감싸고 있는 단단한 목질의 표피 속에는
알 수 없는 고독의 흔적들이 머물고 있었다
수액으로 젖어있는 눈물의 의미와
땀방울로 얼룩진 여름날의 긴 그림자
잠시 머물다 간 새들의 노래 소리도
삶의 일부분으로 새겨 놓았을까

푸른 달빛이 송두리째 어깨를 내려앉던
팔월 상달 한가위의 설렘이나
뼛속으로 녹아들던 설한풍우雪寒風雨 잠 못 이루던
하 많은 세월이,
오래 앓았던 기침소리가, 음산한 밤을 달래던
신음소리마저 진액처럼 녹아들었다
늑골과 관절 마디마디 바람소리가 빠져나간 후
삼라만상이 묵도默禱하는 깊은 삼경三更
앞산 마루턱 걸려있는 비수 같은 그믐달이
홀로 슬픔을 삭이는 늦은 밤에도
나무는 자신의 삶을 속속들이 저장하고
삭신削身이 닳도록 장구한 연륜을 달려왔다.

나무의 생각

나무들은 날마다
무슨 생각에 잠겨 있는 것일까

날마다 푸른 마음
저 높은 하늘에 띄워놓고
날아가는 새처럼
어디론가 훨훨 날아가고 싶은 걸까

나무들은 날마다
무슨 꿈을 꾸고 있는 것일까

한결같이 차렷 자세
저 높은 하늘을 내려놓고
돌아가는 호젓한 산길이 되어
두리번거리며 천천히 걷고 싶은 걸까

구비치는 산맥을 따라
강물로 흘러 하염없이 떠나고 싶은 것일까.

나무의자

일생을 서 있다가
죽어서야 비로소 앉아본다
먼 하늘 그리워 발돋움 하다가
이제는 앉아서 사방을 둘러본다
어제는 등 굽은 노파가 허리를 펴가고
오늘은 햇병아리 꼬마들이 재잘거리며 놀다갔다
한나절 가벼운 바람이 앉는 듯하더니
떨어지는 낙엽이 몸져눕기도 한다
날아가는 새 한 마리 앉았다 똥을 싸고 간 뒤
산 까치가 날아와 기별을 전한다
앉아서 보는 세상이 참으로 편할 줄만 알았는데
앉아 보는 세상이 평생소원이었는데
무작정 앉아만 있는 게 아니라
날마다 누군가 기다려야 한다
누군가를 내 무릎에 앉혀야 한다
오늘도
발자국 소리에 귀를 기울여야만 한다.

나무인형

나를 어여삐 하는 세 살짜리
꼬마가 있어
뽀뽀도 해주고 초콜릿도 나눠먹고
낮잠도 함께 잔다
날 꼭 껴안고 잔다
그가 목욕할 땐 나도 목욕해야 하고
엄마로부터 꾸지람을 듣고 나면
나도 꼬마에게 꾸지람을 들어야 하는 걸

"한번만 더 엄마 말 안 들으면 혼나는 줄 알아"
알았지 대답해

나무의 소리

혹독하게 추운 겨울이 물러가자
나무들이 기뻐서 손뼉을 친다
겨우내 움츠린 가슴을 활짝 펴고
하늘을 향해 일제히 야호를 외친다
마주보는 앞산 봉우리가 크게 화답한다
눈부신 고통속의 벅찬 환희
이제부터 시작이다
우리들 세상이다
나무들이 푸르게 소리친다
푸르게 메아리친다
연신 초록물결 파장이 온 산에 넘친다.

나무 그릇

뜨거운 쌀밥 한 그릇
고봉으로 꾹꾹 눌러 담아
굶주린 자의 배를 채우게 하리라
오랜 노숙으로 허덕이는 자의
간절한 배를 채우게 하리라
몇날 며칠 한 끼의 밥도 먹지 못해
짐승같이 퀭한 눈의 사내
슬픔을 달래리라
발길에 걷어채이는 돌멩이조차
한 그릇 따스한 밥으로 보이는
절박한 자의 힘줄이 되리라
피가 되리라

나무가 되고 싶어

나무들은 저마다 기도하듯
하늘로 뻗어있었다
노을이 물든 산 너울을 따라
자꾸 슬픔이 개울물처럼 흐르고
내 삶이 한 그루 나무만도 못한
공허함이 맴돌다
불쑥, 생각이 나무가 되어 일어선다
이대로 여기 선채로 나무가 되어버린다면
아무도 찾지 못할 울창한 숲속에서
키 큰 나무가 되어버렸으면
척박한 땅에 뿌리를 뻗어 내리고
모든 것 감내堪耐하고
일생을 침묵하는 나무가 되고 싶다
말보다 침묵이 더욱 값진
숲 속에 와서 고요가 빚어내는
성스러움을 보았다
적막이 하늘을 덮고 침묵이
산을 키우고
나무들이 성불成佛을 이루고 있다.

나무오리

마침내 새가 되었다

하늘을 나는 게 꿈이었는데

죽어서 이루는 꿈이 푸르다

저 허공으로

동동 자맥질 하며

푸른 자유를 헤엄친다.

쓰러진 나무

제 삶을 다하지 못하고

하늘에 띄워 보낸 숱한 날의 그리움이

몸속에 고스란히 융해되어

푸른 핏줄 속으로 인화印畵되는

생의 발자취

새소리

바람소리

유서로 새겨놓은 나이테의 저 물결

푸른 침묵

나무들은 침묵으로 말 한다

침묵으로 서로 뜻을 전하고

침묵으로 마음을 나눈다

나무들은 저마다

절 한 채 지니고 산다

비워도 가득한

푸른 침묵의 절정이다.

오래된 나무

오래된 나무도 나처럼
과거를 회상하며 살아가는 것일까

비오는 날 창가에 앉아
문득 그리움 하나 돋아난다
가까이 있는 듯
없는 듯
소리 없이 피고 지는 들꽃처럼
애잔한 그 모습
문신처럼 새겨진 기억의 파편들이
나를 찌른다

잠 못 이루며
설레이던 푸른 가슴
뜨거운 입김 불어 넣으며
사랑한다 사랑한다는 말
허공에 메아리로 흩어진다

그도 나처럼 오래된 나무가 되어
가끔 과거를 회상하며 살아가고 있을까.

잡초의 반란

폭우로 사태 진 언덕배기 잔디를 심었다
추운 겨울이 가고 새봄이 오자
언 몸 추스르고 돋아나는
초록빛 잔디
비 개인 어느 날
잡초에 눌려 헉헉거리고 있었다

무성한 잡초의 반란
요새지를 점령한 후
숨통을 틀어막자 곳곳에서
항복,
항복,
스크람 짠 깍시 손 힘없이 풀며
잔디는 기진맥진 하고 있었다
무서운 항쟁 푸른 불꽃이
순식간에 언덕을 점령하고 있었다
악착스레 잔디의 목을 조이고
밑구멍을 공략해 들어가자
잔디는 새파랗게 사색이 되어
비명을 지르고 있었다.

고구마를 캐면서

서로의 등을 타고 줄기차게 뻗어 가는
줄기를 걷어내고서야 실체를 본다
흙속으로 또아리를 틀며 한사코 뻗어가는
뿌리의 힘, 그 단단한 주먹을 본다

지난여름 녹음방초綠陰芳草
무섭도록 돌진하던
잡초들의 끈질긴 항쟁을 이겨내고
이룩한 대견함을 본다
미루나무 그림자조차 직립하던 한낮
불사항쟁 기어오르는 호박 줄기조차
잎을 떨구고 기진맥진하던 여름날
오아시스를 찾아가던 신기루의 사막을 본다

밭고랑을 훑고 가는 바람 한 줄기
먹구름 불러 모아 비를 몰아올까
풀벌레 소리 고요를 가위질 하듯
단비를 기다리는 쟁쟁한 하늘을 본다.

가을 수놓기

끝 간 데 없이 파란 하늘
두둥실 뭉게구름 한가롭게 떠가고
산골 밤이 불거져 툭툭 떨어지고예
윤기가 자르르 흐르는 옹골찬 알밤
밤나무도 긴 여름날 땀을 많이 흘렸나 봐예
등 따가운 햇살이 저만치 물러서는 오후
나락을 말리는 마을 신작로
고추잠자리 떼 가을을 물들이고예
코스모스 꽃물결이 맘 설레이게 하네예
긴 둑방 한적한 언덕배기에
아기염소 엄마 찾아 울부짖어예
오토바이 타고 농약 사 오는 마을 이장님
맞걸리 한 사발에 콧노래가 흥겨운데예
소매 깃을 파고드는 바람 한 줄기 불어오네예
풀벌레 소리 요란하게 울어 샀네예
가을이 자꾸 깊어 가는가 봐예

가을엽서

신호대기 중
차를 멈추고 있는데
은행잎 하나 날아와 차창에 꽂혔다
어느새
가을이 훌쩍 지나가 버린
찬 서리 내리고 안개 낀 이 아침
누가 엽서를 띄웠을까
먼 하늘
그리운 사연을 띄워 보냈을까

신호가 바뀌고 차를 몰아가자
은행잎은 파르르 떨며
나비처럼 날아간다
미처 답장을 쓰지도 못했는데
하고 싶은 말들은 명치끝을 울리는데
가슴속 접어둔 사연은
차곡차곡 쌓여 있는데
무심한 세월은 앞질러 달아난다
막무가내 달아난다.

가을배추

두둥실 뭉게구름 떠가고
한가로운 바람 한 줄기
밭고랑을 훑고 가면
파란 하늘 한 아름 안고
부끄러운 속살 안으로 키우지
둥글게 둥글게 초록 꿈을 키워가지

배추벌레 달팽이 숨어사는 무당벌레
넓게 퍼져가는 줄기마다
내 푸른 꿈을 갉아먹고 빨아먹고
송두리째 절망하며 열병을 치루기도 하지만
어찌 고통 없이 꿈을 키울 수 있으랴!
별을 품을 수 있으랴!
하늘을 품을 수 있으랴!

가을 시집

시집을 펼치자
가을이 먼저 와서 책장을 넘긴다

끝 간 데 없이
파
란
하
늘
익을 대로 익은 가을이
어느새 그리움에 물든 시를 쓴다

나를 앞질러
산과 들판을 가로질러
날마다 채색하는 주홍빛 언어

불타오르는 노을 사라지고
고요가 깃드는 사위
차츰 말 수가 줄어들고
생각에 잠긴 강물이 작별을 고하며
떠나간 뒤

비로소

가을은 한 권의 시집으로 채워진다.

제4부

낙엽이불

깊은 산중에 누가 이불을 깔아 놓았을까
아무도 없는 고요한 산속 이불 한 채
나무들이 제 옷을 벗어 지어놓은
낙엽이불 한 채
밤이 오면 산짐승도 덮고
적막도 끌어당겨 하늘을 덮는다

깊은 산중에 누가 이불을 깔아 놓았을까
산중 숲속 어둠에 깔아놓은
낙엽이불 한 채
나무들이 가끔 뒤척이는
삼경三更
터질듯 한 고요가
팽팽한 허공을 당긴다

깊은 산중에 누가 이불을 깔아 놓았을까
이따금
무거운 침묵도 이슥한 밤을 덮는다.

속리산을 내려오다

때늦은 하산 길에 우리는 보았지
속리산 법주사 경내 한 켠
마애불상이 새겨진 바위
군함 같은 큰 바위 두 개 틈사이를 비집고
처절하게 몸부림치는 나무 한 그루
그 가지 사이로 뻗어가는 하늘을 보았지
잎을 피우기 위해
꽃을 피우기 위해
열매를 맺기 위하여
얼마나 오랜 고통을 감내하였을까

혹한의 모진 아픔 스스로 치유하며
처연悽然하게 외치는 나무 한 그루
얼마나 봄을 기다려 왔을까
나를 바꾸기 위한 부단한 몸부림이
하늘에 닿았을까
불국정토 해탈의 문을 열었을까.

자살바위

입곡 저수지* 자살바위
어릴 적 전설처럼 흘러 내려온
넘실대는 물결 위에 몸을 던졌다는
저승사자가 몰래 놓아준 자살바위
한번도 자살하는 이를 본적이 없는 나는
넘실대는 물결을 여유롭게 바라본다

비껴가는 구름이 몸을 던지고
밤이면 별들이 내려와 몸을 씻는
푸른 물결 넘실대는 입곡 저수지
날마다 누구를 유혹하며 기다리고 있나
오늘도 절망하는 자살바위
우~ 우~ 슬픔을 토해놓고 돌아가는
누군가의 실낱같은 가는 울음소리
오늘은 내가 자살하고 싶은 충동으로 섰다.

*경남 함안군 산인면에 소재한 함안 군립공원으로 일제 강점기에 농업 용수를 위해 만들었으며 산림욕장과 트레킹 코스가 있는 군립 유원지.

화가 최북*

제 눈을 찔러
마음의 눈을 뜬 그는
신선이 되었을까

한 마리 학으로
천계天界를 훨훨 날아가며

아직도
세상을 꾸짖고 있을까

* 최북崔北(1712년 ~ 1760년) : 조선 숙종, 영조 때의 화가.

된장 맛

설령산을 내려오다
성륜사 뒤뜨락

겨울채비 서두르는 장독대
열반에 든 장독을 열어놓고
오래 묵혀둔 된장 맛을 보았네

청솔 숲 바람소리
고요가 빚은 세월의 맛
목탁소리 풍경소리로 빚은
된장 맛을 보았네

무념무상에 잠긴
해탈의 맛을 보았네.

고요한 숲

나무들이 사색에 잠겨있는
겨울 산에 와서
정지된 정물 속으로 걸어 들어가
나 또한 소리없이 나무가 되었다

올곧은 뼈를 세우며
나무는 외로움을 먹고 자랐다
나무들은 절간 풍경소리처럼
이따금 흔들리며 자신의 존재를 알렸다
나무는 겨우내 하늘을 먹고 살았다
막막한 하늘 닿을 수 없는 그리움이
꿈을 키워 주었다
지토록 외로움이 끝없이 차올라
별이 빛나는 밤하늘을 가르쳐 주었다
깊은 산골짜기 정적이 끊긴 산맥
고요가 주검처럼 휘장을 덮어주었다

바람소리를 몰아가는 산등성이
나무들 신음소리마저 뚝, 끊기고
계곡과 계곡

숲과 숲

나무와 나무사이

고요가 무덤처럼 적막을 덮어주었다.

겨울 숲속에서

주검처럼 무거운
고요만이 깔려있는
겨울 숲은 뿌리로 뿌리로만
마른 혈관을 적시고 있었다

나무들은 서로 등을 기대고
맹렬猛烈히 다짐하며
혹한酷寒의 순간도 놓지 않으려는 듯
사방을 감시하고 있었다

첩첩산맥
빗장을 지르는 하늘
이승의 저만치 헐벗은 아랫도리가
자꾸 시려오고 있었다

스스로
나를 가두는 겨울숲속에서
나무들은 제 심장을 녹여가며
봄을 예비하고 있었다

만물이 움트는
새봄을 기다리고 있었다.

겨울 아침에

안개 낀 추운 겨울아침
먹이를 구하러 내려왔다가 길바닥에
피투성이가 된 채 죽어있는
고라니 한 마리

인간 세상
더 이상 발붙일 곳 없어
온몸으로 절명시를 써놓고 죽었구나
전신주를 울리는 바람소리가 곡哭을 하고 있구나.

일상수첩

얼어터진 수도 배관을 고치다 보니
세상은 온갖 볼트와 나사로 맞물려 있을 줄이야
파이프와 앵글밸브가 꽉 조여야 하는데
녹슨 절망의 틈새가 어느새 벌어져
슬픔을 줄 줄 줄 흐르게 하고
추운 기온이 서릿발 땅속에서 이빨을 꽉 다물고
도무지 사나운 맹수처럼 틈을 주지 않는다
더운 물 펄펄 끓여서 부드럽게 어루만져 녹여주고
몽키 스페너와 렌치로 사지를 결박하고 나서야
녹슨 절망이 힘없이 풀리며 무릎을 꿇는구나
이때다 싶어 파이프를 끼우고 새 볼트로 나사를 조여 놓고
번쩍이는 수도꼭지 틀어보니
비로소 빛나는 희망이 콸콸콸 폭소를 터뜨린다
벙어리 말문 터지듯 힘차게 쏟아지는 수돗물 소리
희열의 몸을 떨며 토해내는 시원스런 물소리
뚫어라 힘차게 뚫어라
꽉 막힌 우리네 삶을 힘차게 뚫어라.

칼 가는 사람

중국집을 기웃거리며 칼을 갈라고 한다
한 자루에 오천 원인데
두 자루 갈면 싸게 해 주겠단다
한 자루 갈아 써다 무디면 나중에 갈 거라며
중국집 아줌마는 작두날 같은 큰 칼 한 자루 내놓는다
빛바랜 남방차림에 꺼무튀튀한 중년 사내
물기를 연신 묻혀 가며 칼을 간다
칼끝에 온힘을 쏟아 붓는 저 눈동자
담배 한 대 태울 시간쯤 흘렀을까
그의 얼굴에 작은 포도송이 같은 땀방울이
뚝뚝 떨어진다
어느새 칼은 등 푸른 고등어처럼 싱싱하다
단호한 칼날이 예리한 빛을 발한다
빛나는 칼의 존재가 무엄하다
칼은 피비린내를 먹고산다
녹슨 세상을 향해 칼을 가는 사내
칼은 빛날수록 잔인하다.

불국사 가는 길

등산 베낭을 매고
석굴암을 허둥지둥 둘러보고
불국사로 가는 길
줄지어 돌아가는 자동차 행렬에
아스팔트 협곡도로 걸어서 간다

천년의 서라벌
천년의 바람소리
천년의 하늘에서 눈이 내린다

산중을 에워싸는 알 수없는 비장한 침묵
천년 고도古都를 건너간다

석굴암石窟庵을 보며

세상 시름
다 털어내고

무한한 평온
그 아름다움을 본다

세상 번뇌
모두 지우고

불국정토
불멸의 안식처

그 자애로움을 본다.

봉황목*

누가 한번 가꿔 보라고
우리 집 화분에 아무렇게나 심어놓은 묘목 한 그루

불꽃나무라고 불리기도 하는
이 지상에서 가장 아름다운 꽃이라는데
말레이시아 페낭 어느 공원에 와서 봉황 목을 본다.

뉘엿뉘엿 해는 서산에 걸리고
붉게 물든 노을이 불타는데
온통 하늘을 화려하게 수놓은 봉황 꽃나무
붉은 꽃다발 다발 폭죽을 터뜨리듯
장관을 이룬다.

아내는 넋을 잃고 탄성을 발하고
아들놈은 그게 뭐 별거냐는 듯
싱겁게 웃는데
코란의 여인들도 원더풀 원더풀을 연발하는데
꿈인 듯 환상에 사로잡힌 나는
어쩔 줄 몰라 눈을 뗄 수가 없구나.

*봉황목 : 원산지가 마다가스카르이며 동아프리카지역에 분포하고 (키가 20m 정도) 꽃이 봉황처럼 화려해서 봉황목이라 불리움.

아라 홍연

오랜 침잠沈潛 꿈이었을까!
꿈의 긴 여정旅程

칠백 년 깊고 긴 푸른 잠에서 깨어나
비로소
맑은 하늘에 우주를 활짝 펼친다

이루지 못한 사랑
연잎에 구르는 이슬방울
아리따운 아라 낭자의 화신花神이었을까!

부끄럽도록 연한 속살
꽃잎에 물든 푸른 숨결
긴 꽃 대궁 뽑아 올려 무엇을 말하려고

그 무엇을 전하려고
그토록 오랜 세월 기다려왔을까!

*함안 성산산성(사적 제67호) 유적지 발굴조사 과정중 수습한 연씨를 한국지질자원 연구원에 의뢰한 결과 약 700여 년 전 고려시대 연씨로 밝혀졌다. 이후 〈아라홍연〉이라 이름짓고 2010년 7월에 처음으로 꽃을 피우기 시작한 후 해마다 7월경 연꽃을 피우고 있다.

세월호 참사를 추모하며

진도 여객선 세월호 침몰 참사를 보며
어처구니없는 현실 앞에 망연자실한 유가족을 위로한다
참담하고 비통한 그 심정을 어찌 위로가 되겠는가
가슴이 무너지고 하늘이 내려앉은 기막힌 사월의 봄날
정녕 눈부신 사월은 잔인한 달이더란 말이냐
아픔과 슬픔도 눈물조차 너무 가혹한 사치일까
이 엄청난 인재사고가 선진국으로 진입한 대한민국이란 말이냐
총체적 안전 불감증에 걸린 대한민국이여!
부끄럽고 창피스럽다 미안하고 면목 없다
분통이 터지고 분노가 하늘을 찌른다

정부와 관계당국은 우왕좌왕 갈팡질팡 어쩔 줄 모르고
자기만 살겠다고 배를 버리고 달아나버린 무책임한 선장과
형편없이 한심한 세월호 선원들을 만천하에 고발한다.
그 와중에도 구명조끼를 벗어주고 사력을 다하고 숨져간
고귀한 살신성인의 소유자
고 박지영 승무원의 거룩한 영혼을 위로한다.
눈에 넣어도 아프지 않을 사랑하는 아들, 딸, 형제, 자매들이여!
속수무책, 손 한번 써보지도 못하고
졸지에 유명을 달리한 안타까운 대한민국의 자손들이여!

안산 단원고 수많은 학생들 삶을 한번 피어보지도 못한 채
실종되고 숨져간 꽃 같은 청춘의 넋을 위로한다
창졸지간에 죽음을 맞이한 수많은 영혼을 위로한다
예고 없이 죽음을 맞이한 모든 영혼의 명복을 빌고 또 빈다.

광개토태왕 비문 앞에서

얼마나 보고팠던 우리의 얼이었나 !
얼마나 자랑스러운 우리의 보물인가 !
쳐다만 보아도 주체할 수 없는
이 벅찬 감동의 물결이여 !
놀란 가슴이 자꾸 콩닥 거린다
장구한 세월 설한풍우雪寒風雨에 시달려도
7척 장신長身 거대한 광개토태왕은
아직도 대갈일성大喝一聲 불호령이시다

대륙을 호령하던 말발굽소리 들려온다
점점 더 가까워온다
일촉즉발一觸卽發 전운戰運이 감도는
까마귀 울음소리 음산한 하늘아래
국내성 집안集安 동문東門을 지켜라
결사항쟁 환도산성丸都山城을 막아라
붉은 깃발 펄럭이며 산을 무너뜨리는
고구려의 함성이여 !
둥~둥~둥~ 북소리를 크게 울리어라 !
산천초목을 깨워라 !
백두산 천지를 울리어라 !

백두산 천지에 올라

우리나라 머리 꼭대기 백두산에 올랐는데
백두산은 간곳없고 장백산만 있더라
어디에도 백두산이라는 말은 없고 장백산이라고
우기더구나
우리나라 백두산 천지를 중국 장백산 천지라고
자꾸만 우기더구나
해발 2,749m 장군봉을 위시로 20여 개 백두산 봉우리가
하늘로 웅장하게 치솟아
둘레 14km 수심 384m 장엄한 천지를 감싸안고
용문봉과 천활봉 사이 달문으로 흘러
천지의 물은 1,250m를 흐르다 낙차落差 68m
웅장한 폭포를 이루는데
거대한 폭음이 천지를 울리는데
이 폭포를 장백폭포라고만 한다
큰일 났다 낭패 났다
중원을 호령하던 고구려도 헐값에 팔아넘기려 한다
우리나라 역사 발해조차 싸구려로 넘기려 한단다
이러다가 백두산도 통째로 삼키려 할지도
두 눈 크게 뜨고 정신 바짝 차려야 한다.

압록강은 흐른다

압록강을 눈앞에 두고 버스는 달린다
강 건너 벌거숭이 산이 저만치 물러서고
날은 저물고 일을 끝낸 북녘 사람들이
하나 둘 걸어간다
차창 밖 스크린으로
만포마을이 빠르게 지나가고
압록강은 긴 숨을 토하고
오늘도 도도히 흐른다
어둠이 내린 북녘은 멀리서 반딧불 같은
희미한 불빛이 깜박 거린다

압록강 철교 앞에 서 본다
6 · 25사번 그 통한痛恨의 아픔을
아직도 절단된 다리가 절룩이고 있다
압록강을 사이에 두고
중국 단동 밤거리는 네온싸인 불빛이 현란한데
건너편 북녘 땅은 죽음처럼 쓸쓸하다
너무 어둡고 적막하다
도대체 저곳에 무슨 일이 일어나고 있을까
거대한 블랙홀이 침몰하고 있다.

해설

나무를 통한 순명과 삶의 관조

— 이명호의 시세계

이 혜 선(시인, 문학박사)

1. 다양한 시세계

이명호 시집 《나무의 소리》에 수록된 시들을 일별해보면, 시집 제목에서도 나타나듯이 나무 연작시집이라 할 만큼 나무를 소재로 한 시가 많으며, 따라서 이명호 시인을 나무의 시인이라고 이름 붙여도 좋은 듯하다.

앞서 펴낸 이 시인의 시집 《말이산》에서는 시인이 살고 있는 경남 함안, 즉 옛 아라가야의 도읍지에서 향토사 연구원으로 활동하면서 아라가야의 문화유적 발굴과 정리에 노력하고 그 답사일기 형식으로 문화유적에 대한 연작시를 발표하였다. 그 후에 펴낸 시집 《잃어버린 세월》에서도 전국의 문화유적을 소재로 한 조상들의 삶에 대한 회고와 관심 등을 표현하여, 역사의식과 영원성을 희구하는 시들이 많았던 데 비해 이번 시집에서는 다양한 시세계를 보여주고 있다.

시집 《나무의 소리》에서 이명호 시인은 그가 지향하는 삶의 지향점을 '나무' '물방울' '별' 등의 객관 상관물을 통해 투명하고 맑고 욕심 없는 순명의 삶으로 형상화 해내고 있으며, 자연 속에서 천지자연과 교감하며 유유자적하게 살면서 삶을 관조하고 자연 속에 녹아 물아일체物我一體가 되는 삶을 표출하고 있다.

또한 일상수첩을 통한 깨달음, 혈육에 대한 사랑과 그리움, 그리고 해마다 돌아오는 '봄'이라는 계절을 통한 생명의 환희와 생명의 힘, 생명의 신비감을 노래하는 한 편으로 역사의식과 사회의식의 표출로 타자他者에 대한 사랑과 관심, 연민 등의 시세계를 보여준다.

2. 나무의 삶, 순명의식順命意識과 인고忍苦

희뿌연 새벽을 걷어내는 산봉우리
맑은 종소리의 여운을 먹고 산다
풀잎 맺힌 이슬방울
영롱한 그 순간을 먹고 산다
밤하늘 저 멀리 초롱초롱 빛나는 별처럼
영원한 꿈을 먹고 산다
풀 섶에 숨어 우는 풀벌레 소리와
첫 비상飛上을 지저귀는 새소리와

맑은 하늘을 먹고 산다

―〈나의 시는〉 부분

제목을 〈나의 시는〉이라고 해서 시인의 시관詩觀과 세계관을 보여주는 서시詩序격의 작품인데 제목의 '나의 시'라는 주체적 시어를 빼고 그 자리에 '나무'를 넣으면 그대로 잘 어울릴 수 있는 작품이다. 이처럼 이명호 시인은 '나무'의 삶을 소재로 해서 그가 서 있는 장소를 이동해서 옮겨갈 수도 없고, 분수 밖의 것을 더 원하지도, 바라지도 않는, 주어진 그 자리에서 주어진 대로 향유하며 불평이나 부족함 없이 살아가는 순명順命의 삶을 노래하고 있는 식물성의 시인이다.

우주는 하나의 도덕적 질서이며 인간사는 우주의 도덕적 본성과 조화를 이룰 때에만 번성할 수 있다. 우주가 도덕적 질서를 갖고 자연의 섭리에 의해 운행되므로 우리 인간도 이에 순응하고 관조와 초월의 정신으로 살아가는 태도, 즉 천명과 운명을 알고, 이해하고 순응하며 살아가는 태도를 순명順命이라 이른다.

이명호 시인의 나무 연작시에는 천명天命 즉 하늘의 명命과 인간의 운명, 자연을 움직이게 하는 우주 만유의 섭리, 도덕적 질서 등을 깨닫고 이해하며 관조의 경지에서 직관하고 순응하는 순명의식順命意識과 아울러 침묵 속에 모든 것을 묵묵히 참아내는 인고忍苦의 정신이 표출되어 있다.

나무들이 사색에 잠겨있는

겨울 산에 와서

정지된 정물 속으로 걸어 들어가
나 또한 소리 없이 나무가 되었다

올곧은 뼈를 세우며
나무는 외로움을 먹고 자랐다
나무들은 절간 풍경소리처럼
이따금 흔들리며 자신의 존재를 알렸다
나무는 겨우내 하늘을 먹고 살았다
막막한 하늘 닿을 수 없는 그리움이
꿈을 키워 주었다 저토록
외로움이 끝없이 차올라
별이 빛나는 밤하늘을 가르쳐 주었다
깊은 산골짜기 정적이 끊긴 산맥
고요가 주검처럼 휘장을 덮어주었다

바람소리를 몰아가는 산등성이
나무들 신음소리마저 뚝, 끊기고
계곡과 계곡
숲과 숲
나무와 나무사이
고요가 무덤처럼 적막을 덮어주었다.

—〈고요한 숲〉 전문

시 〈고요한 숲〉에서 시적 화자는 겨울 산에 와서 아예 자신이 나무가 되어 나무처럼 고요를 벗하며 주어진 운명과 주어진 삶의 의미를 받아들이는 순명의식을 보여준다. 그는 스스로 나무가 되어 서서 '외로움을 먹고' 자라며 '겨우내 하늘을 먹고 살'며 그 외로움을 견디기 힘들 때는 '절간 풍경소리' 처럼 이따금 흔들리며 자신의 존재를 알린다. 그러나 이처럼 외로움을 먹고 자라는 나무라 하더라도 때때로 찾아오는 '그리움' 과 '외로움' 이 있기에 역설적으로 나무는 '꿈' 을 키울 수 있고 '별이 빛나는 밤하늘' 을 바라보며 적막 속에서 스스로를 다스리는 '고요한 숲' 이 되어 서 있는 것이다.

이처럼 시적 화자가 스스로 나무가 되어 모든 것을 순명으로 수용하기 까지는 꿈꾸는 혼자만의 시간과 수많은 침묵의 시간, 그리고 고통을 참아내는 인고의 순간이 있었기에 가능한, 마침내 다다를 수 있는 경지이다.

기다려라 기다려다오
푸른 목숨이 다하는 그날 까지
침묵으로 탑을 쌓아
하늘이 다할 때 까지 기다려다오
캄캄한 밤을 묵묵히 견디어 새벽이 당도하는
하늘을 보아라
침묵의 여백에 솟아나는 휘광輝光을 보아라
마침내 투명한 햇살이 펴지고
바람은 물고기처럼 산을 헤엄을 친다
푸른 핏줄에 실려 오는 파도소리가

옹골찬 우듬지를 휘몰아갈 때
미처 예감하지 못한
삶이란 묵묵히 견디는 것이라고
바위를 뚫고 침묵이 산을 움직일 때까지

—〈나무 · 1〉 부분

척박한 땅에 뿌리를 뻗어 내리고
모든 것 감내堪耐하고
일생을 침묵하는 나무가 되고 싶다
말보다 침묵이 더욱 값진
숲 속에 와서 고요가 빚어내는
성스러움을 보았다
적막이 하늘을 덮고 침묵이
산을 키우고
나무들이 성불成佛을 이루고 있다.

—〈나무가 되고 싶어〉 부분

〈나무 1〉에서 시적 화자는 '푸른 목숨이 다하는 그날까지' 침묵으로 탑을 쌓아 기다려달라고 한다. '캄캄한 밤을 묵묵히 견디어' 내는 인고의 긴 시간을 보내야만 마침내 '새벽이 당도하는 하늘' 을 보고, 침묵의 여백에 솟아나는 '휘광' 을 만날 수 있다. 그리하여 마침내 오는 깨달음은 '삶이란 묵묵히 견디는 것' '바위를 뚫고 침묵이 산을 움직일 때까지' 오로지 기다려야 한다는 것이다.

〈나무가 되고 싶어〉에서도 '나무들이 성불成佛을 이루' 기 위해서는 '적막이 하늘을 덮고 침묵이/ 산을 키우' 는, 말보다 더욱 값진 '침묵' 에 대해 노래하고 있다. 이명호 시인에게 있어서 이처럼 자신과 동일시되는 '나무' 는 '척박한 땅에 뿌리를 뻗어 내리고/ 모든 것 감내堪耐하고/ 일생을 침묵' 하는 인고의 삶이며, 침묵 속에서 주어진 그대로의 운명을 수용하고 순응하는 순명의 삶이다. 이처럼 침묵으로 말하는 나무이기에 이명호 시인의 나무들은 '비워도 가득한/ 푸른 침묵의 절정' 에서 내면에 '저마다 / 절 한 채 지니고 산다' (《푸른 침묵》).

혹독하게 추운 겨울이 물러가자
나무들이 기뻐서 손뼉을 친다
겨우내 움츠린 가슴을 활짝 펴고
하늘을 향해 일제히 야호를 외친다
마주보는 앞산 봉우리가 크게 화답한다
눈부신 고통속의 벅찬 환희
이제부터 시작이다
우리들 세상이다
나무들이 푸르게 소리친다
푸르게 메아리친다
연신 초록물결 파장이 온 산에 넘친다.

— 〈나무의 소리〉 전문

나무에게 있어서 '겨울' 은 침묵의 시간이며 인고의 시간이다.

하고 싶은 말이 아무리 많아도 입 다물고 참아내야 하는 시간이다. 그러나 나무에게 이러한 인고의 시간만 있는 것은 아니다. 나무가 이러한 고통을 묵묵히 참아낼 수 있는 것은 그에게 새 생명을 주는 새봄의 환희가 기다리고 있기 때문이다.

그래서 마침내 혹독한 겨울이 물러가면 나무는 '마주보는 앞산 봉우리가 화답' 할 정도로 큰 소리로 환호하며 '초록 물결 파장이 온 산에' 넘치도록 푸르게 소리치며 새로운 삶을 향유할 수 있게 된다.

날마다 푸른 마음
저 높은 하늘에 띄워놓고
날아가는 새처럼
어디론가 훨훨 날아가고 싶은 걸까

나무들은 날마다
무슨 꿈을 꾸고 있는 것일까

―〈나무의 생각〉 부분

새가 되고 싶다

저 푸른 자유의 여백에

솟구쳐 오르며 마음껏 날고 싶다

―〈나무 · 3〉 전문

마침내 새가 되었다

하늘을 나는 게 꿈이었는데

죽어서 이루는 꿈이 푸르다

저 허공으로

동동 자맥질 하며

푸른 자유를 헤엄친다.

—〈나무오리〉 전문

혹독한 겨울로 비유되는 침묵과 인고의 시간을 참아내고 오로지 주어진 운명대로 한 곳에 서서 묵묵히 모든 것을 견뎌야 하는 나무이지만, 환희의 새 봄이 오면 큰 소리로 환호하기도 하고 남모르는 꿈을 간직하기도 한다. 나무의 꿈은 '새' 가 되어 '솟구쳐 오르며 마음껏 날고 싶' 은 것인데 그가 날아오르고 싶은 공간은 '저 푸른 자유의 여백' 이다. 시 〈나무오리〉에서도 나무는 (죽어서까지) 마침내 '새' 가 되는 꿈을 이루게 되는데, 새가 된 나무오리는 허공으로 자맥질하며 '푸른 자유를 헤엄친다' 라고 하여 나무가 꾸는 꿈이 완성되는 것은 단순히 새가 되어 날아오르는 것이 아니라 '자유' 를 얻는 것이다. '자유' 를 얻기 위하여 꿈이 필요했고 새의 날개가 필요했던 것이다. 즉 '새' 로 상징 되는

'자유' 를 획득하는 일이 나무의 궁극적인 꿈이라고 볼 때, 이 꿈을 이루기 위하여 나무는 주어진 그대로를 받아 들이며 '제 심장을 녹여가며/ 봄을 예비(〈겨울 숲 속에서〉)' 하고 있었던 것이다.

이명호 시인에게 있어서 '나무' 는 자신과 동일시되는 또 하나의 자아이다. 시인은 한 공간에 서서 움직이지 못하고 스스로의 삶의 방식을 선택하지도 못한 채 주어진 대로 수용하며 운명에 순응하여 살아가는 순명의식과 인고의 삶을 살아야 하는 나무에게, 한계 속에서 제한적인 삶을 살아갈 수밖에 없는 유한자(有限者)인 인간, 그러면서도 무한한 '자유' 를 갈망하는 시적 자아의 꿈을 투사하여 표출하고 있다.

3 일상수첩의 깨달음과 그리움

이명호 시인은 〈일상수첩〉 등 일상적인 삶의 현장에서의 깨달음과, 자연 속에서의 유유자적한 삶, 관조의식 등을 형상화하여 보여준다. 자연 속에 살면서 자연을 사랑하고 자연과 어울려 하나가 되는가 하면, 그 또한 어쩔 수 없는 인간이며 다른 누구보다 풍부하고 예민한 감성의 소유자인 시인인지라 혈육을 잃은 슬픔과 그리움, 외로움의 무늬도 섬세하게 짜내고 있다.

얼어터진 수도 배관을 고치다 보니
세상은 온갖 볼트와 나사로 맞물려 있을 줄이야
파이프와 앵글밸브가 꽉 조여야 하는데

녹슨 절망의 틈새가 어느새 벌어져
슬픔을 줄 줄 줄 흐르게 하고
추운 기온이 서릿발 땅속에서 이빨을 꽉 다물고
도무지 사나운 맹수처럼 틈을 주지 않는다
더운 물 펄펄 끓여서 부드럽게 어루만져 녹여주고
몽키 스패너와 렌치로 사지를 결박하고 나서야
녹슨 절망이 힘없이 풀리며 무릎을 꿇는구나
이때다 싶어 파이프를 끼우고 새 볼트로 나사를 조여 놓고
번쩍이는 수도꼭지 틀어보니
비로소 빛나는 희망이 콸콸콸 폭소를 터뜨린다

—〈일상수첩〉 부분

시인은 '얼어터진 수도 배관을' 고치는 일상의 작은 일에서 세상살이의 근본에 대한 깨달음을 얻는다. 그것은 세상이 '온갖 볼트와 나사로 맞물려' 있다는 것이다. 눈에 보이는 것만이 전부인 양 생각하며 단순하게 생각하고 살던 어제와는 달리 보이지 않는 곳에서 서로 맞물려 돌아가는 세상 이치를 알고 나면 시인의 세상 보는 눈이 달라질 것은 자명하다. 시인은 수도 배관을 고치다가 한 걸음 더 나아가서 '파이프와 앵글밸브가 꽉 조' 이지 못한 틈새로 녹슨 절망이 입을 벌리고 슬픔이 줄줄 흘러내리는 것을 발견한다. 그리고 이 모든 상황을 바꾸기 위해서는 새 볼트와 나사로 갈아 끼우고 그것을 꽉 조여야 하는데 그 방법은 첫째로 '더운 물 펄펄 끓여서 부드럽게 어루만져 녹여주' 어야 한다는 것이다.

부드러움이 강한 것을 이긴다고 노자는 상선약수上善若水를 이야기했다. '가장 좋은 것은 물과 같다. 물은 만물을 이롭게 하면서도 다투지 않고 사람들이 싫어하는 곳에 처해 있다. 그러므로 물은 도에 가깝다' 낮은 곳으로만 흐르는 물에는 자기만이 옳다고 하는 고집이 없다. 그 담기는 그릇에 따라 모습을 바꾸고 한없이 겸손하여 부드러움의 속성을 가지고 있지만, 그 부드러움으로 인해 가장 강력한 힘을 발휘한다. 물은 지구상의 모든 물질과 부딪치면 일시적으로는 형태를 바꾸고 우회하기도 하지만 결국 모든 것을 굴복시키는 힘을 가지고 있다. 그래서 노자는 사람들에게 물을 닮고 물과 같으라고 권유한 것이다.

그러나 우리의 삶에서 마냥 부드러움만으로 살 수는 없다. 부드러움으로 '절망' 을 풀고 무릎을 꿇게 하고 나면 새로운 파이프로 갈아 끼우기도 해야 하고 그런 후에는 새 볼트로 나사를 조여 주는 일이 필요하다. 그 때에야 '빛나는 희망이 콸콸콸 폭소를 터뜨' 리고 그 희망의 힘이 '꽉 막힌 우리네 삶을 힘차게' 뚫을 것이라는 바람을 가질 수 있다.

설령산을 내려오다
성륜사 뒤뜨락
겨울채비 서두르는 장독대
열반에 든 장독을 열어놓고
오래 묵혀둔 된장 맛을 보았네
(중 략)
무념무상에 잠긴

해탈의 맛을 보았네.

—〈된장 맛〉 전문

〈된장 맛〉에서의 된장 맛은 그냥 된장 맛이 아니다. 그것은 청솔 숲 바람소리와 고요가 빚은 '세월의 맛' 이며 성륜사 '목탁소리 풍경소리로 빚은' 맛이다. 그러기에 성륜사 뒤뜨락의 된장 맛은 '무념무상에 잠긴/ 해탈의 맛' 이며 그런 된장을 안고 있는 장독은 '열반' 에 들 수 있는 것이다. 일상에서 만나는 작은 사물 하나도 그냥 지나치지 않고 깊이 있는 깨달음의 눈으로 그 깊고 오래 묵은 이면까지 바라보며 의미부여하는 시인의 눈이 있기에 깨달을 수 있는' 된장 맛= 해탈의 맛 '이라 할 것이다.

깊은 산중에 누가 이불을 깔아 놓았을까
아무도 없는 고요한 산속 이불 한 채
나무들이 제 옷을 벗어 지어놓은
낙엽이불 한 채
밤이 오면 산짐승도 덮고
적막도 끌어당겨 하늘을 덮는다
(중 략)
이따금
무거운 침묵도 이슥한 밤을 덮는다.

—〈낙엽이불〉 부분

나직한 산자락 무릎에 앉아
울울鬱鬱한 대밭 등을 기대고
댓잎에 빗방울이 콩을 볶는다
자고나면 앞산 봉우리가 먼저 눈을 뜬다
하루 종일 햇살이 마루에서 졸다가
심심한 강아지 꼬리를 붙든다
날마다 산새소리가 집을 지키는 집
구름이 한가로이 마당가에 일렁이다
바람이 마실 왔다가 아무데나 앉아 노는 집

—〈외딴집〉 부분

이명호 시인은 자연 속에서 자연과 더불어 유유자적하게 살면서 삶을 관조하고 자연 속에 녹아 물아일체物我一體가 되는 삶을 살고 있다.

〈낙엽이불〉에서 시인은 천지자연과 교감하고 있다. '나무들이 제 옷을 벗어 지어놓은' 이불은 '밤이 오면 산짐승도 덮고/ 적막도 끌어당겨 하늘을 덮' 고 '무거운 침묵도 이슥한 밤을 덮는' 천지자연의 이불이다. 일반적으로 생각하기 쉬운 하늘이 그 아래의 사물을 덮어주거나 밤의 어둠이 만물을 덮어준다는 사고에서 벗어나 역설과 반어법으로 서로 교감하는 천지자연의 이불을 보아내는 시인의 눈은 견자見者의 눈이다.

〈외딴 집〉에서도 유유자적하며 자연 속에 녹아드는 관조적 삶의 모습이 보인다.

아무도 오지 않는 산자락 무릎에 앉아 있는 집, 자고 나면 앞산 봉우리가 먼저 눈을 떠 기다리는 집, 햇살이 하루 종일 마루에서 졸고 있는 집, '날마다 산새소리가 집을 지키는 집' 구름이 한가로이 마당가에 일렁이고 '바람이 마실 왔다가 아무데나 앉아 노는 집' 이런 집은 어디에 있을까? 박목월의 〈윤사월〉에서는 '산지기 외딴집 눈 먼 처녀' 가 문설주에 귀를 대어 누군가의 발자국소리를 기다리며 엿듣고 있고, 박용래의 '첩첩산중에도 없는 마을' (〈월훈月暈〉)에서도 외딴집 노인은 밤중에 홀로 일어나 앉아 무를 깎기도 하고 고구마를 깎다가 귀를 기울여 듣는 '설레임' 이 있는데, 이명호 시인의 〈외딴집〉에는 사람의 그림자는 없다. 자연 속에 완벽하게 녹아들어 하나가 된 물아일체(物我一體), 범아일여(凡我一如)의 우주적 교감이 있을 뿐이다. 자연속의 삶을 노래해온 한시(漢詩)나 시조 중에서도 사립문을 열지 않고 혼자만의 삶에 유유자적하는 승려이거나 노옹이 등장하는데, 이명호 시인의 〈외딴집〉만이 등장인물 없이 완벽하게 자연 속에 녹아서 일체가 되는 교감의 시라고 하겠다.

등장인물이 없다고 해서 느낌이 없는 것은 아니다. 자연만이 서로 벗하며 살고 있는 이 집에도 모습을 보이지 않고 '봄이 오면 산벚꽃 미치도록 환장하게' 피고 '밤이면 외로움이 별만큼이나' 피는 정감어린 감상의 주체가 있다.

골목길 어디에 선가
주름진 눈웃음 환하게 웃으며
빠른 걸음으로 다가 오실 것만 같은

말이산 언덕배기 저 만치
흰 수건 옷소매 걷어붙이고서
나를 부르실 것만 같은

—〈어머님을 여의고 · 1〉 부분

고구마 순을 심어놓고 저만치
어머니 하얗게 웃으시던 유월의 바다
흰 수건 맺힌 땀방울 맨발로 묵정밭을
요술처럼 다루시던 그 손길, 오늘은 내가
콩을 심어놓고 돌아서면 산 까치 반갑다고
먼저 날아와 떡잎부터 먹어치우고
고추 모종을 옮겨 심어도 그대로 부동자세
도통 말을 듣지 않는 구나
한 눈 팔면 산적 같은 잡초들 여기저기
어느새 달려들어 사방을 에워싸고
넝쿨조차 건방지다 발목을 친친 묶고
저들끼리 박장대소拍掌大笑 나를 골려준다
참깨들도 홀로서기 목이 타는 땡볕아래
엎드려 숨어있던 고구마 순, 호박 줄기,
발자국 소리에 귀를 세우며
일제히
어머니 어머니를 외쳐 부른다.

—〈말이산 · 13〉 전문

'말이산' 은 이명호 시인이 살고 있는 경남 함안군 가야읍 말산리에 위치하고 있는 아라가야 고분군이 있는 산이다. (필자의 고향도 같은 지방인지라 필자는 고등학교를 졸업하던 무렵 폐허처럼 버려져 있던 말이산 고분군을 찾아가서 혼자서 눈물 흘린 적도 있는데, 우리나라도 이젠 세계10위의 경제대국 반열에 들어서서 문화유적에 대한 의식이 높아져서 새롭게 잘 단장하고 보수 유지되고 있다고 해도, 말이산을 생각하면 지금도 애틋하고 짠한 마음으로 1500년 전의 조상들의 삶을 떠올리게 된다.)

이명호 시인은 일찍이 2002년에 시집 《말이산》을 펴내었다. 그 시집에는 함안지역의 문화유적을 답사하면서 쓴 '문화유적 시편' 이 연작으로 수록되어 있어 시인이 얼마나 역사 속에서 잊혀진 조상들의 흔적과 자아 찾기에 노력하였는지 알 수 있다. 시집 《말이산》에서의 '말이산' 이 문화유적을 찾아 인류의 시원을 더듬는 것이었다면 이번 시집에서의 '말이산' 은 어머니 아버지의 삶으로 환치되거나 특히 어머니에 대한 그리움의 이미지로 나타난다. 이로 미루어보면 말이산에서 '맨발로 묵정밭을 요술처럼 다루시' 던, 함께 농사짓고 함께 웃으며 살았던 어머니가 이승을 떠나 저승에 들고 말이산에 묻힌 것은 아득한 선조들의 삶을 의미하는 말이산의 조상신의 반열에 든 것으로 이해할 수 있겠다.

그러나 그것과는 별도로 어머니를 여읜 슬픔은 시인을 '말이산 묵정밭에 퍼져 앉아/ 어미 잃은 노루새끼처럼' 몸을 떨며 울게 하고(〈어머님을 여의고 · 1〉), '고구마 순, 호박 줄기' 라는 자연을 빌어서까지 함께 '어머니' 를 외쳐 부르게 하는 그리움과 간절함의 깊이를 느끼게 한다.

비갠 하늘 무지개처럼
선명하게 떠오르는 생의 파노라마
엎드려 쓰라린 회한悔恨을
유월의 따가운 햇살이
창槍으로 찌른다
나를 울려주는 풀벌레 울음소리
이어졌다 끊어지고 끊어졌다
또다시 이어지는
가늘게 떨려오는 영혼의 메아리
삶과 죽음을
이승과 저승을 연주하고 있다.

—〈무덤가에서〉 부분

콩고물에 밥을 비벼 먹으며 투정을 일삼고
반찬투정 웅석투정 하던
어처구니없이 한심한 세월은 가고
어머니가 떠나시고 없는 매섭게 추운 오늘
광고판 떡장수가 느닷없이 나를 꾸짖는다
혹독한 날씨가 나를 몰아세운다
찬바람이 뺨을 후려치며 정신 차려라 한다

—〈떡〉 부분

아버지 똥 장군 지고 아슬아슬하게 걸었던

말이산 가파른 언덕길을
오늘은 내가 아침마다 산책하며 걷고 있네
아버지 언제나 괭이나 삽을 어깨에 메고
헐거운 흰 고무신 누렇게 걸었던 이 길을
꽉 조인 등산화 뽐내며 운동 삼아 걷고 있네
(중 략)
아버지 숨차게 헉헉대던 고달픈 이 길을
오늘날 생각 없이 휘파람 불며 걷고 있네
아! 아버지 어디쯤 걸었던 그 발자국 위에
소리 없이 내 발자국을 포개보고 싶네.

—〈말이산 · 14〉 부분

누구나 부모님이 떠나가신 후에야 사무치게 그리워하고 생전에 다 못한 일들을 되새겨보며 후회하게 된다. 〈무덤가에서〉에서는 무덤가에 흐드러지게 피어나는 망초꽃 속에서 '천지가 환하게 웃으' 시는 어머니 모습을 만나고 풀벌레 울음소리에서 이승과 저승을 이어주는 연주를 듣는, 생사를 초월하는 그리움을 노래하고 있다.

시인은 어느 추운 겨울 아침에 지하상가 벽면에 붙어 있는 '떡장수' 의 광고판을 읽으며 문득 어머니가 쪄주시던 시루떡을 떠올리며 '배고픈 자를 배부르게 해주는' 떡에서 어머니의 사랑을 떠올린다.(〈떡〉) 그러면서 뒤늦은 후회에 '떡장수' 의 꾸지람을 듣고 '혹독한 날씨' 와 '찬바람' 에게 뺨을 맞는다. 시〈무덤가에서〉는 '유월의 따가운 햇살' 도 창(槍)이 되어 찌르는 아픔과 쓰라린 회한을 느끼는데, 이처럼 시인은 그가 만나는 곳곳에서, 만나는 사물마다에서 어머니를 그리워하며 뒤늦은 후회를 한다. 인간 누구나가 하게 되는 뒤늦은 후회이기에 《한시외전韓詩外傳》에 나오는 '수욕정이 풍부지樹欲靜而 風不止-나무는 고요하고자 하나 바람이 그치지 않고, 자욕양이 친부대子欲養而 親不待-자식은 부모를 공양하고자 하나 부모는 기다려 주지 않는다' 라는 명구를 생각나게 한다.

〈말이산 · 14〉에서 시적 화자는 '아버지 똥장군 지고 아슬아슬하게 걸었던/ 말이산', '괭이나 삽을 어깨에 메고/ 헐거운 흰 고무신 누렇게 걸었던' 길을 자신은 '꽉 조인 등산화 뽐내며 운동삼아 걷고 있' 다고 '아버지/나' 를 대조적으로 표현하면서 아버지에 대한 그리움을 회한 섞어 나타낸다. 그 간절한 그리움은 '아버지 어디쯤 걸었던 그 발자국 위에/ 소리 없이 내 발자국을 포개보고 싶' 은 사랑과 그리움과 소망으로 나타난다. 이처럼 이명호 시인에게 있어서 '말이산' 은 어머니 아버지와의 삶의 흔적이며 그리움이며, 또한 말이산 자체가 어머니 아버지로 이미지화되는 객관적 상관물이 되어 있다. 그래서 시인은 지금도 '말이산 언덕배기 저만치/ 흰 옷소매 걷어 부치고서/ 나를 부르실 것만 같은' 환상을 본다.

5. 생명의 환희와 사회의식

자연 속에서 자연과 더불어 사는 이명호 시인의 삶에는 자연의 사계절이 함께 숨 쉬고 있다. 그 중에서도 시인은 봄을 많이 노래한다. 겨울 산이 주는 '침묵'을 잘 참아낸 덕분에, '겨우내/ 얼어붙은 말 문'이 '새봄이 오니/콸/ 콸/ 콸/ 폭소를 터뜨리며/ 말 문 터지는 소리'(《폭포수》)로 쏟아져 내리는 폭포수를 노래하거나,〈봄, 말하다〉에서는 '겨울 긴 침묵이 끝나고/ 참았던 말이 쏟아진다....돋아나는 잎새마다/ 도란도란 소곤소곤' 하고 봄을 '푸른소리'로 묘사하는 등, 시인에게는 시각적인 이미지인 봄 풍경이 말로, 소리로 오는 공감각적 표현법으로 더욱 실감나게 다가오고 있다.

화단가 버려져 곪아터진 늙은 호박에서
싹이 움텄다
캄캄한 어둠을 뚫고 나온 생명의 신비
푸른 눈망울 가득한 세상
여기저기 나비처럼 펼쳐진 떡잎들이
만세를 부르며 환호하고 있다

자고나면 한 뼘 하늘을 넓혀가고
눈부신 햇살에 키가 커가고
봄바람에 뒤척이며 몸살을 앓다가
비가 오면 둥근 우산을 펼치더니
넝쿨을 뻗어서 한사코 길을 낸다
아무런 망설임도 주저함도 없이
가고 싶은 길을 넝쿨손을 뻗어간다

허공으로 손을 저어 하늘까지 뻗어간다.

—〈씨앗들이〉 전문

봄이 오면 '화단가 버려져 곪아터진 늙은 호박' 에서도 생명이 움튼다. 봄을 맞는 시적 자아에게 있어 삶이란 환희로운 봄맞이이며 '푸른 눈망울 가득한 세상' 즉 희망과 신비로 가득한 미지의 세계이다. 그래서 '나비처럼 펼쳐진 떡잎들이/ 만세를 부르며 환호' 하기도 하고 '넝쿨을 뻗어서 한사코 길을' 내면서 가고 싶은 길을 향해 뻗어간다. '허공으로 손을 저어' 마침내는 하늘까지 뻗어간다. 이것은 봄을 맞은 시적 자아의 의지와 소망의 표현에 다름 아니다. 그래서 유리컵에서 새싹을 틔우는 '알토란 한 알' (〈알토란〉)에서도 '삶이란 저토록/ 안간힘을 모두 쏟아 내어야 하는 것' 임을 깨달으며 '눈부신 희망이 쑥쑥 자라고 있다' 고 생명의 힘과 신비, 희망을 노래한다.

하검 마을을 관통하며 오르는 길
수문장처럼 지켜 선 소나무 두어 그루
사운 대는 댓잎바람
대숲에 지줄 대는 딱따구리 노랫소리
어느새 봄이 피었구나
깊은 잠에 빠진 무덤가에도
올망졸망 양지꽃이 노랗게 피었구나

언덕배기 좁다란 길섶에서도

귓속말로 소곤거리는 초록빛 반란
새봄이 점령하며 대열을 갖춘다
산길 벚나무 우로 봐
터질 듯 부푼 꽃망울
미동도 없는 부동자세로 사열을 받는다
분주한 일상 가로지르는 남해안 고속도로
재빠르게 질주하는 봄이
어느새 산 너머 외딴집 과수원으로
눈부신 꽃잎을 활짝 열어놓고
벌, 나비를 불러 모아 봄잔치를 벌이고 있구나

—〈검암산 가는 길〉 부분

봄이 오는 모습을 시각적, 청각적, 촉각적 이미지 등을 모두 동원하여 효과적으로 형상화해 놓은 작품이다. 뛰어난 관찰력과 묘사력으로 독자로 하여금 오감을 다 동원하여 봄이 오는 길목에 서 있는 듯한 감을 느끼게 해준다. '귓속말로 소곤거리는 초록빛 반란' 이라거나 산길 벚나무가 터질 듯 부푼 꽃망울로 '미동도 없는 부동자세로 사열을 받는다' 등의 시행에서 시인의 뛰어난 표현력을 느낄 수 있다. 이렇게 봄이 한꺼번에 피어나 '벌, 나비를 불러 모아 봄잔치를 벌이고 있' 는 것은 '봄' 이 '남해안 고속도로' 로 차들이 달리듯이 '재빠르게 질주' 해오고 있기 때문이다.

이러한 자연 속에서 한량없는 희열과 희망을 느끼는 시인도 역사와 민족과 이웃 앞에 서면 마냥 잔치기분에만 젖을 수는 없다.

압록강 철교 앞에 서 본다
6 · 25사변 그 통한痛恨의 아픔을
아직도 절단된 다리가 절룩이고 있다
압록강을 사이에 두고
중국 단동 밤거리는 네온싸인 불빛이 현란한데
건너편 북녘 땅은 죽음처럼 쓸쓸하다
너무 어둡고 적막하다
도대체 저곳에 무슨 일이 일어나고 있을까
거대한 블랙홀이 침몰하고 있다.

—〈압록강은 흐른다〉 부분

우리나라 머리 꼭대기 백두산에 올랐는데
백두산은 간곳없고 장백산만 있더라
어디에도 백두산이라는 말은 없고 장백산이라고
우기더구나
우리나라 백두산 천지를 중국 장백산 천지라고
자꾸만 우기더구나

—〈백두산 천지에 올라〉 부분

내 겨레, 내 피붙이들이 살고 있는 내나라 땅에 가지 못하고 빙 돌아 중국 땅 단동에서 버스를 타고 달리며 시인은 강 건너 북녘 땅을 바라본다. 버스에서 내려 '압록강 철교 앞에 서 본다' '절단된 다리가 절룩이'는 철교 앞에서 시인은 절단된 내나라 땅을 생각하고 나뉘인 겨레를 생각한다. 네온싸인 불빛이 현란

한 중국 단동 밤거리와는 대조적으로 '죽음처럼 쓸쓸' 한 북녘 땅을 바라보며 '거대한 블랙홀' 처럼 침몰하는 땅, 그곳에 있는 겨레를 생각한다.

시인은 역시 중국 땅을 통하여 갈 수밖에 없는 내나라 땅, 민족의 명산 백두산에 올라서 '백두산은 간 곳 없고' 중국이름인 '장백산' '장백폭포' 라는 이름 앞에서 통한을 느낀다. '고구려' 도 '발해' 도, 조상의 그 빛나는 역사도 지키지 못할까봐 '두 눈 크게 뜨고 정신 바짝 차려야 한다' 고 일침을 놓으며 새로운 각오를 다진다. 그래서 되찾아야 하는 '고구려의 함성' 을 만나려고 광개토대왕비를 찾는다.(〈광개토대왕 비문 앞에서〉) 그곳에서 '대륙을 호령하던 말발굽소리' 를 들으며 북소리를 크게 울려서 '산천초목을 깨워라!' 하고 민족의식을 깨우기 위해 명령형 어법을 사용하기도 한다. 역사의식은 현재의 사회의식과 상통한다. 시적화자는 일상의 곳곳에서 이웃의 삶을 따뜻한 눈으로 묘사하며 사랑을 보내고 있다.

> 농협 하나로 마트 뒤쪽
> 은혜방 옷가게 골목길 들머리에서
> 날이면 날마다 오가는 사람들 쳐다보며
> 하릴없이 시간을 때우는 동촌 할매
> 집안에는 쥐새끼 한 마리도 얼씬 하지 않아
> 아무하고도 말동무 할 사람이 없어
> 집에서는 아무것도 혼자 할 수 있는 게 없어
> 아흔 다섯 눈멀고 귀먹어

텔레비전도 보나 안보나 똑 같은걸 뭐
아침밥 한 술 뜨고 나면 방석하나 들고 나와
매일매일 출근하는 골목길 들머리
오가며 말동무 해주는 동네 아낙네가 있어
아는 척 눈인사라도 해주는 낯익은 사람이 있어
쥐 죽은 듯 적막하고 쓸쓸한 집보다는 골목이 더 좋아
빵빵거리며 지나가는 자동차도 구경하고
아이들 시끄럽게 떠들어대는 소리가 있어
이게 참말로 사람 사는 것 같아서
늦은 점심 한 술 뜨는 둥 마는 둥
다시 나와 자리 깔고 해거름을 보낸다

—〈골목길〉 부분

아흔 다섯 '눈 멀고 귀먹어' 혼자서는 할 수 있는 일이 없고 집 안에는 말동무할 '쥐새끼 한 마리'도 없어 날마다 골목으로 출근하는 '동촌 할매' 이야기이다. '텔레비젼도 보나 안보나 똑같은걸 뭐' 말동무할 아무도 없는, 쥐죽은 듯 적막하고 쓸쓸한 집보다는 골목이 더 좋아, 아침밥 한 술 뜨고 나면 골목에 나앉고, 늦은 점심 한 술 뜨는 둥 마는 둥 또 골목에 나와 오가는 사람들 구경하는 게 낙인 동촌할매 모습을 이야기시로 제시하여 우리시대의 독거노인문제를 간접적으로 제기해주고 있다.

안개 낀 추운 겨울아침

먹이를 구하러 내려왔다가 길바닥에
피투성이가 된 채 죽어있는
고라니 한 마리

인간 세상
더 이상 발붙일 곳 없어
온몸으로 절명시를 써놓고 죽었구나
전신주를 울리는 바람소리가 곡哭을 하고 있구나.

—〈겨울 아침에〉 전문

뜨거운 쌀밥 한 그릇
고봉으로 꾹꾹 눌러 담아
굶주린 자의 배를 채우게 하리라
오랜 노숙으로 허덕이는 자의
간절한 배를 채우게 하리라
몇날 며칠 한 끼의 밥도 먹지 못해
짐승같이 퀭한 눈의 사내
슬픔을 달래리라
발길에 걷어채이는 돌멩이조차
한 그릇 따스한 밥으로 보이는
절박한 자의 힘줄이 되리라
피가 되리라

—〈나무그릇〉 부분

이명호 시인의 이웃사랑은 인간을 넘어서서 동물과 자연에 대한 사랑으로 확대된다. 생명 가진 중생衆生으로 그 생명이 귀하지 않은 것이 있을까. 추운 겨울산에서 배고파 허덕이다가 먹이를 구하러 위험을 무릅쓰고 인간세상으로 내려왔다가 길바닥에서 인간의 차바퀴에 치여 죽은 피투성이 '고라니 한 마리'를 보면서 시인은 '전신주를 울리는 바람소리'까지 곡(哭)하는 소리로 들을 정도로 연민에 차 있다.

생명 가진 모든 존재에 대한 사랑과 연민은 〈나무그릇〉에 오면 마침내 자신이 하나의 '나무그릇'이 되어 뭇 생명의 '굶주린 배'를 채워주려 한다. 이 글의 모두에서 필자는 이명호 시인을 나무의 시인이라 이름 붙여도 좋다고 하였는데 시〈나무그릇〉은 이러한 시인의 시적 특성이 이웃사랑과 연민과 연결되면서 죽어서도 이웃을 위한 '뜨거운 쌀밥 한 그릇'이 되고 싶은 소망을 담아내고 있다. 시인은 '나무그릇'을 통해 '오랜 노숙으로 허덕이는 자의/ 간절한 배를 채우'는 것은 물론이고, '짐승같이 퀭한 눈의 사내/ 슬픔을 달래'주고 '절박한 자의 힘줄'과 '피'가 되고자 하는 소망으로 스스로의 몸을 제단에 놓는다.

이명호 시인의 시집 《나무의 소리》는 순명의식과 인고의 삶을 노래하는 나무의 삶에서 출발하여 일상수첩의 깨달음과 혈육에 대한 그리움을 노래하고 더 나아가 역사의식과 사회의식, 이웃사랑, 생명사랑으로 더욱 확대된다. 이 시인의 나무는 마침내는 죽어서도, 주리고 절망하는 이웃의 '따뜻한 쌀밥 한 그릇'이 되고 그들의 힘이 되고 피가 되고자 하는 무한 사랑을 담아내는 타자他者에 대한 연민과 측은지심을 보여준다.

관념이 형상화되지 못하고 맨 얼굴을 내미는 시들도 가끔 보이지만 표현방법과 레토릭에 좀 더 신경 쓴다면, 이명호시인의 사랑의 시세계가 앞으로 더욱 확장 심화되어 많은 감동을 줄 수 있을 것으로 기대된다.